Curling

franckh Sport

Keith Wendorf · Andrea Ugron

Curling

das Spiel · die Regeln
die Strategie

**Franckh'sche
Verlagshandlung
Stuttgart**

Mit 31 Schwarzweißfotos von Presse-Foto Baumann (2), M. Burns (4), Keystone Bilderdienst (1), U. v. Malberg (18), Royal Bank of Scottland (1), Werksfotos (4) und aus dem Archiv (1), 7 Farbfotos von K. Zimmermann und 6 Schwarzweißzeichnungen von J. Ehmann.

Umschlaggestaltung: Creativ-GmbH unter Verwendung eines Farbdias von M. Burns

Das Bild auf dem Vorsatz zeigt die Mannschaft des Europameisters 1985, Skip Rodger Schmidt bei der Abgabe.

Abb. S. 2: Curling kann das Freizeitvergnügen im Freien . . .

CIP-Kurztitelaufnahme der Deutschen Bibliothek

Wendorf, Keith:
Curling: d. Spiel, d. Regeln, d. Strategie /
Keith Wendorf; Andrea Ugron. – Stuttgart:
Franckh, 1986.
 (Franckh-Sport)
 ISBN 3-440-05690-2

NE: Ugron, Andrea:

Franckh'sche Verlagshandlung, W. Keller & Co., Stuttgart/1986
Printed in Germany/Imprimé en Allemagne/L 9 Sn H He/ISBN 3-440-05690-2
Herstellung: Wilhelm Röck, Weinsberg

Curling

Abb. 1

*Curling: Mannschaftssport auf
dem Eis. Zwei Mannschaften
zu je vier Mann versuchen,
den flachrunden Spielstein
durch die Bahnlänge mög-
lichst nahe an das Ziel gleiten
zu lassen.
dtv Brockhaus Lexikon 1982*

Vorwort

An Sachverstand wird es diesem Buch nicht fehlen. Leibhaftige deutsche Meister haben es geschrieben, Andrea Ugron-von Malberg und Keith Wendorf. Letzterer war sogar Vize-Weltmeister. Und die Malbergs sind eine rechte Curling-Familie, mit viel Engagement für diese wundervolle Sportart. Fordernd wie duldend: Curling soll olympisch werden. Aber der Anspruch ist ernst zu nehmen.

Dieses Buch möge einiges bewegen!

(Willi Daume)
Präsident des
Nationalen Olympischen Komitees
für Deutschland

*Abb. 2: . . . oder der
harte Wettkampfsport
in der Halle sein. Im
Hintergrund ahnt man
die 7000 Zuschauer
bei der WM in Regina/
Kanada.*

Curling – was ist das?

Sie haben sie sicher schon gesehen, auf den Freieisflächen von St. Moritz, Davos, Arosa oder Kitzbühel: Mit einem Besen bewaffnete Gestalten, die hinter einem bettflaschenähnlichen Gegenstand hersausen und auf Zuruf wie die Irren das Eis zu säubern beginnen. Bei diesem Anblick haben Sie gelächelt und Curling auch als Hausfrauensport bezeichnet. Für manchen Aktiven dieses alten schottischen Sportes klingt das zwar schmerzlich, ist aber nicht ungewohnt. Woher sollten Sie aber auch ahnen, daß es sich hierbei auch um einen harten Wettkampfsport handelt, der zur Zeit kurz vor den olympischen Weihen steht?

Wettkampf- sport und Freizeitvergnügen

Die Weltmeisterschaft 1979 in Bern lockte 11 179 Zuschauer zum Finalspiel, ein Zuschauerrekord von 102 193 (in Worten: einhundertzweitausendeinhundertdreiundneunzig) war während der Weltmeisterschaftswoche 1978 in Winnipeg/Kanada zu verzeichnen. Sollten diese Massen nur wegen eines Hausfrauensportes unterwegs gewesen sein?

Curling kann beides sein, die kühle Gaudi von St. Moritz und das heiße Finale von Bern oder Winnipeg. Es ist wie in fast jedem Sport: Irgendwann muß begonnen werden, ehe man auf dem Treppchen steht und die Nationalhymne ertönt. Der „Hausfrauensport" hört da auf, wo vier athletische Männer einen 20 Kilogramm schweren Stein, mit ihrem vollen Körpergewicht auf dem Besen, durch eine enge Gasse ziehen, und dieser Stein dann mit einem trockenen Knall den des Gegners aus dem Zielkreis entfernt.

Curling – viel belächelter Zeitvertreib für ältere Herrschaften oder harter Wettkampfsport, harmloses „Bettflaschen-Schieben" oder vollen körperlichen und geistigen Einsatz fordernder Kräftevergleich auf dem Eis? Zwischen diesen beiden Extremen ist alles möglich, und genau das macht den Reiz dieser bei uns noch relativ unbekannten Sportart aus. Jeder, ob

Abb. 3: Bei Take-outs, also bei schnellen Steinen, stellt der Skip den Besen direkt neben den gegnerischen Stein, der entfernt werden soll.

alt oder jung, Mann oder Frau, harter Sportler oder nur Sonne und frische Luft suchender Urlauber, kommt auf seine Kosten.

Curling unterscheidet sich vom – oft mit ihm verwechselten – Eisstockschießen wie etwa Schach von Dame. Gemeinsam ist den beiden Sportarten nur, daß auf Eis gespielt wird und es sich in beiden Fällen um Mannschaftssportarten handelt.

Mit den Steinen ins Haus

Eine Curlingmannschaft besteht aus vier Spielern, die vom *Skip* befehligt werden. Ziel des Spieles ist es, möglichst viele Steine in das auf dem Eis aufgemalte *Haus* (eine Art Zielscheibe) zu plazieren und den Gegner daran zu hindern, das gleiche zu tun.

Jeder Spieler hat zwei Steine – ein Team also insgesamt acht –, die jeweils abwechselnd mit dem Gegner abgegeben werden. Der *Skip*, der seine Steine als letzter spielt, bestimmt die Taktik des Spiels, er verlangt von seinen Mitspielern entweder langsame Steine *(Draws)*, die ins Haus gespielt werden, oder schnelle Steine *(Take-outs)*, um einen gegnerischen Stein aus dem Haus zu schieben. Die Steine werden bei der Abgabe in

Abb. 4: Bei Draw oder Freeze, also langsamen Steinen, muß der Skip die größere Abweichung von der geraden Linie einkalkulieren. Er gibt „mehr Eis".

eine leichte Drehbewegung versetzt, entweder im Uhrzeigersinn *(in-handle)* oder gegen den Uhrzeigersinn *(out-handle)*. Durch diese Drehbewegung läuft der Stein nicht ganz geradeaus, sondern beschreibt eine leicht parabolische Bahn; je langsamer der Stein, desto stärker diese Abweichung. Aufgrund dieses Effektes ist es möglich, um einen anderen Stein herumzuspielen und z. B. seinen eigenen dahinter zu verstecken. Und nun zur Aufgabe des Besens: Das kräftige Wischen vor dem Stein erzeugt einen hauchdünnen Wasserfilm (Reibungswärme), auf dem der Stein weiter gleitet und weniger stark der parabolischen Kurve folgt *(curlt)*. Ein schneller Stein kann somit auf gerader Linie gehalten, ein langsamer bis zu 5 m „verlängert" werden. Der Skip zeigt seinen Mitspielern an, wohin der Stein gespielt werden soll, er kalkuliert die voraussehbare Abweichung bei der vorgegebenen Geschwindigkeit im Geiste ein und markiert mit seinem Besen dann den Punkt, auf den der Spieler bei der Abgabe zielen muß.

Dies hört sich alles sehr einfach an, ist es aber durchaus nicht. Der gegnerische Skip wird nämlich alles dransetzen, selbst zu punkten und

*Abb. 5: Zeichenspra-
che über die ganze
Bahn. Der Skip signa-
lisiert dem Spieler am
Besenstiel, welche
Länge er wünscht.*

versuct nun, uns daran zu hindern. Er wird seine im Haus befindlichen Steine schützen, er legt also einen Stein davor *(Guard)* oder schießt unseren Stein hinaus und rutscht hinter eine Guard hinein *(Hit-and-roll)*. Er kann auch aus einem Stein zwei machen, indem er ihn ganz leicht antippt, beide Steine gleiten langsam im Haus auseinander *(Split)*, und wir können dann nur noch versuchen, beide zugleich mit einem gelungenen Take-out zu entfernen *(Double)*.

Abb. 6: Beobachten des laufenden Steines durch den Skip. Nur aus dieser Perspektive kann er genau beurteilen, ob der Stein trifft oder gewischt werden muß.

Der Spielablauf

Mannschafts-
sport
für jeweils
vier Teilnehmer

Curling ist, wie schon erwähnt, ein Mannschaftssport, gespielt von jeweils vier Mann (bzw. Damen, oder gemischt). Mannschaftsführer ist der *Skip*, der für Strategie und Taktik verantwortlich ist. Er hat einen *Vize-Skip*, der ihn im Haus vertritt, während er selbst seine Steine abgibt. Dieser Vize-Skip spielt für gewöhnlich auf Position drei. Der Zweier und der *Lead* (Einser) bilden das sogenannte *Front-end*, d.h. sie spielen als erster bzw. zweiter ihre Steine ab. (Über die weiteren Aufgaben der einzelnen Spieler siehe Kapitel „Das Team".)

Zunächst wird aber gelost, welche Mannschaft anfängt. Der Gewinner des Münzenwurfes, hier z.B. Team B, hat das Anrecht auf den letzten Stein. Dieses Anrecht bestimmt über weite Strecken hin den Spielablauf, denn mit dem letzten Stein kann das Resultat eines *Ends* grundlegend verändert werden (siehe auch Kapitel „Strategie ist nicht alles"). Gewinnt nun eine Mannschaft aufgrund dieses Steinvorteils das End, geht das Anrecht auf den Verlierer über; ist das Resultat aber Null, verbleibt der Steinvorteil beim ursprünglichen Anwärter. Das gleiche gilt, wenn das End trotz Steinvorteil verloren wird. Hier hat die Mannschaft ohne Steinvorteil ein End „gestohlen".

In unserem Beispiel spielt nun der Lead von Team A seinen ersten Stein, gefolgt vom Lead von Team B, dann wieder der Lead von Team A mit seinem zweiten Stein und so fort. Die Skips der beiden Teams stehen im Haus und geben ihren Teammitgliedern Anweisungen, wohin und wie der jeweilige Stein zu spielen ist. Die anderen beiden Spieler stehen für das Wischen bereit. Hat der Lead also seine beiden Steine gespielt, kommt Spieler Nr. 2 zur Abgabe, und der Lead übernimmt zusammen mit dem Dreier die Wischarbeit. Wenn die Reihe an den Skip kommt, seine Steine abzugeben, beruft er den Vize-Skip ins Haus, zeigt diesem, wo der Besen als Zielpunkt placiert werden soll, und informiert ihn über seine taktischen Maßnahmen; damit hat der Vize-Skip die Verantwortung übernommen und gibt auch die entsprechenden Wischkommandos.

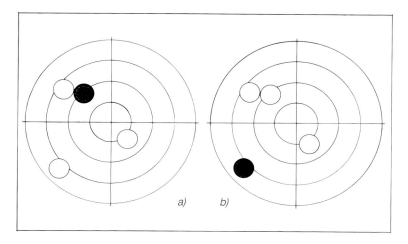

Abb. 7 a): Hier zählt
nur ein weißer Stein,
da der schwarze bes-
ser liegt als der zweit-
beste weiße.

b): Hier zählen drei
weiße Steine, da der
schwarze Stein weiter
vom Mittelpunkt ent-
fernt ist als der
schlechteste weiße.

Nachdem alle 16 Steine gespielt wurden, wird das Resultat dieses Ends von den beiden Vize-Skips festgestellt. Es zählen alle Steine einer Mannschaft im Haus vom Mittelpunkt aus gerechnet bis zum besten gegnerischen Stein (Abb. 7).

Die Ergebnisse werden auf dem *Score-board* markiert; dies ist ein großes Brett, auf dem die Namen der spielenden Parteien vermerkt sind, daneben die Ends und die Zahl der erzielten Steine. So sieht ein Score-board aus (Abb. 8):

Team A	1		2		1	1	1		1				7
Ends	1	2	3	4	5	6	7	8	9	10	11	12	Total
Team B		4		1				2		2			9

*Abb. 8 und 9:
Score-boards*

Die Zahlen in der Mitte zeigen die Ends, oben und unten werden die erzielten Steine mittels kleiner Täfelchen aufgehängt. Hier erzielte das Team A im ersten End einen Stein, Team B im zweiten End dagegen vier, Team A im dritten wieder zwei usw.

Eine andere Methode, die zumeist in Kanada angewendet wird, gibt in der mittleren Zeile die Zahl der erzielten Steine an, und es werden die

Nummern der entsprechenden Ends unter und über die erzielte Anzahl von Steinen gehängt, wobei gleich addiert wird (Abb. 9).

Hier erzielt Team A im ersten End einen, im zweiten End zwei und im dritten End wieder einen Stein, Team B kommt erst im vierten End mit zwei Steinen zum Zug.

Abb. 9

Team A	1		2	3		5	7		10									
Score	1	2	3	4	5	6	7	8	9	10	11	12	13	14	15	16	17	18
Team B		4			6	8		9										

Für gewöhnlich spielt man acht oder zehn Ends, je nach Vereinbarung. Steht nach Ablauf dieser Zeit der Sieger noch nicht fest, wird häufig ein Zusatzend gespielt; der Gewinner dieses Zusatzends ist dann der Sieger des Spiels.

Manchmal ergibt es sich, daß mit bloßem Auge nicht festgestellt werden kann, welcher von zwei gegnerischen Steinen dem Mittelpunkt am nächsten liegt; dann wird ein Meßgerät zu Hilfe genommen, mit dem man millimetergenau feststellen kann, welcher Stein *shot* (d. h. am besten) ist.

Abb. 10: Der Schiedsrichter, „Umpire" genannt, greift nur auf Verlangen ein. Hier einigen sich die beiden Dreier mit Hilfe eines speziellen Meßgerätes, wessen Stein besser liegt.

Die Bahn

Eine Curlingbahn ist 42,07 m lang und 4,75 m breit; dazu kommen an beiden Enden noch jeweils ca. 1 m als Umgang hinzu. An beiden Enden der Bahn befindet sich ein „Haus", eine auf das Eis gemalte oder eingeritzte Zielscheibe. Der größte Kreisdurchmesser beträgt 3,66 m (12 Fuß), es folgt ein Kreis mit 2,44 m (8 Fuß), einer mit 1,22 m (4 Fuß) und als Mittelpunkt der sogenannte *Dolly* oder *Tee* mit 30 cm Durchmesser (Abb. 11).

Das Haus wird im rechten Winkel von der *Tee-line* und von der Mittellinie der Bahn durchschnitten. Hinterer Abschluß des Spielfeldes ist die *Back-line*. Jeder Stein, der diese Linie in vollem Umfang überschritten hat, wird aus dem Spiel entfernt. Im Abstand von 1,22 m hinter der Back-line werden rechts und links von der Mittellinie die beiden *Hacks* im Eis befestigt. Es handelt sich dabei um Fußstützen aus Metall oder Gummi, von denen sich der Spieler bei der Abgabe abstößt. Dabei benützen Rechtshänder immer das linke Hack, Linkshänder dagegen das rechte. Ungefähr 5 m vor dem äußersten Kreis des Hauses befindet sich eine weitere Linie, die *Hog-line*. Diese Linie müssen alle Steine im vollen Umfang überschreiten, um weiter im Spiel verbleiben zu können, auch wenn sie nicht zählen, z. B. als Guards. Die Hog-line hat aber noch eine andere Funktion: Bis zu dieser Linie darf ein Spieler seinen Stein bei der Abgabe führen, also halten. Spätestens an der Hog-line muß er ihn ausgelassen haben, sonst wird der Stein ebenfalls aus dem Spiel entfernt. Bei internationalen Meisterschaften und auch in vielen speziellen Curling-hallen sind die einzelnen Bahnen durch Holzbalken voneinander getrennt. Wo Curling auf Eishockeyfeldern oder in Eislaufarenen gespielt wird, ist dies allerdings nicht möglich.

Da wir schon von Eishockeyfeldern sprechen: Curlingeis unterscheidet sich grundlegend von Eis, wie es auf Eislaufbahnen und Eishockeyfeldern gebräuchlich ist, denn es ist:

Curling-
Eis
ist anders

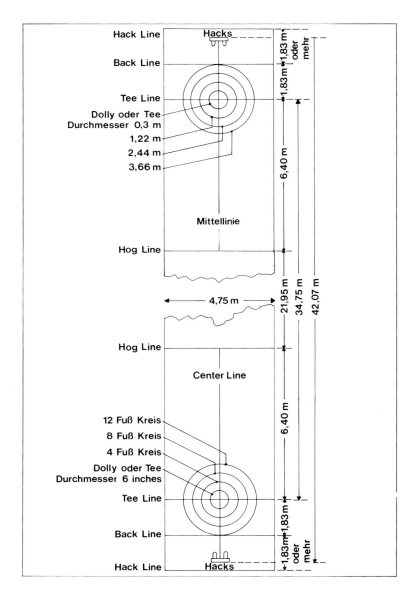

Abb. 11: Die Curling-bahn.

a) härter, also kälter. Ein guter Eismeister kann seine Eismaschinen entsprechend den äußeren Bedingungen einstellen.

b) absolut eben. Ein Gefälle, wie es auf einer Schlittschuhbahn zum Abtauen notwendig ist, verändert die Geschwindigkeit der Steine und läßt kein gleichmäßiges Längenspiel zu. Durch den Publikumslauf entstehen zudem Laufrinnen, denen der Curlingstein aufgrund seines Eigengewichtes fast unkontrollierbar folgt.

c) dünn. Da das Eis nicht mit Hobel- oder Schwemm-Maschinen in Berührung kommt, wird es im Laufe einer Saison auch nicht dicker als 2–3 cm. Man kann natürlich auch auf dickerem Eis spielen, aber für ein dünnes Eis reichen kleinere Eismaschinen aus, was möglicherweise in finanzieller Hinsicht interessant ist.

Dünnes Eis mit „Pocken"

d) *gepebbelt*. Mit einer Art Gießkanne wird das saubere Eis besprenkelt. Dabei entstehen winzige „Eispocken", auf denen der Stein weiter gleitet. Ohne dieses Pebble saugt sich der Stein aufgrund des Hohlschliffes auf der Steinsohle (siehe Unter-Kapitel „Der Stein") fest.

Die Abgabe

Curling ist ein Präzisionssport. Jeder Stein sollte den Angaben des Skips entsprechend genau plaziert werden; das ist aber nur mit einer gleichmäßigen, rhythmisch ablaufenden, stabilen Abgabe zu erreichen.

Viele ältere Curler geben den Stein, noch seitlich im Hack stehend, wie einen Eisstock ab, andere rutschen auf dem Knie und stoßen den Stein mit reiner Muskelkraft ins Haus. Sie erzielen dabei oft erstaunlich gute Ergebnisse, genauso oft aber totale Flops. Nur die *Sliding Delivery*, von der nachstehend die Rede sein soll, garantiert – entsprechendes Training immer vorausgesetzt – konstante Ergebnisse.

Grundlage ist ein gleichmäßiger Bewegungsablauf. Dieser kann in einzelne Elemente unterteilt werden.

Gleichmäßiger Bewegungsablauf ist wichtig

a) Grundhaltung *(body alignment)*
Hocken Sie sich entspannt hin, Oberkörper aufrecht, Schultern waagrecht, Blick geradeaus auf den Besen gerichtet. Der rechte Fuß ruht mit dem Fußballen sicher im Hack, der linke steht mit der flachen Sohle etwas vorgeschoben. Mit dem linken Arm ergreifen Sie den Besen kurz über dem Bürstenkopf und klemmen den Stiel unter dem Arm verlaufend ungefähr eine Handbreit unter das Schulterblatt. Der rechte Arm ist gestreckt und hält den Stein am Griff, fest, aber gleichzeitig mit Gefühl. Das Körpergewicht ruht ganz auf dem rechten Fuß.

b) Vorwärtsbewegung
Nun verlagern Sie das Körpergewicht gleichmäßig auf beide Beine, gleichzeitig schiebt Ihr ausgestreckter rechter Arm den Stein etwas nach vorne.

c) Gesäß heben *(trunk lift)*
Der Arm bleibt gestreckt, der Stein bewegt sich nicht, nur das Gesäß wird gehoben und das Körpergewicht auf den rechten Fuß verlagert.

d) Seitenschritt *(side-step)*
e) Rückschwung *(back-swing)*
Diese beiden Bewegungen laufen gleichzeitig ab. Während Sie mit dem

a) Grundstellung. Augen, rechter Arm und Fußspitzen sind auf den Besen des Skips ausgerichtet.

b) Gesäß heben und Backswing, der bereits genau auf den Besen ausgerichtet ist.

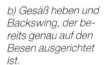

c) Sliden und Auslassen des Steines. Man beachte, daß der Stein direkt vor die rechte Fußspitze aufgesetzt wurde.

ausgestreckten rechten Arm den Stein zügig nach hinten führen und etwas anheben, machen Sie mit dem linken Fuß einen kleinen Gleitschritt zur Seite; damit kompensieren Sie das Gewicht in Ihrer rechten Hand, zusätzlich haben Sie den Besen als eine Art Balancierstange.

Der Rückschwung muß gerade ausgeführt werden, auf einer gedachten Linie zwischen Besen und Stein.

f) Abstoßen vom Hack

Der rechte Arm führt den Stein auf der gedachten Linie nach vorne, der linke Fuß wird leicht ausgedreht hinter den Stein gesetzt, während Sie sich mit dem rechten Fuß kräftig aus dem Hack abstoßen. Je stärker Sie sich abstoßen, desto schneller wird Ihr Stein, da Sie ja dem Stein mit dem gestreckten Arm keine zusätzliche Geschwindigkeit geben können.

g) Sliding

Nun ruht das gesamte Körpergewicht auf dem linken Fuß, der rechte Fuß schleift ausgestreckt nach, die Zehen sind nach innen gedreht. Der Besen in der linken Hand dient als Gleichgewichtshilfe. Versuchen Sie stets, auf

d) Nachsliden und Be-obachtung, wie der Stein läuft (Europa-meisterin Josi Einsle, EC Oberstdorf).

der ganzen Sohle zu gleiten, Sie werden das Gleichgewicht besser halten können und schonen gleichzeitig Ihren Meniskus. Das Sliden auf den Zehenspitzen sieht zwar sehr professionell aus, bringt aber sonst keine Vorteile.

h) Abgabe *(delivery)*

Die geforderte Steingeschwindigkeit bestimmt den Punkt der Abgabe. Je früher der Stein die Hand verläßt, desto schneller ist er, je länger Sie ihn führen, desto langsamer. Vergessen Sie aber nicht, der Stein muß vor der Ihnen zunächst liegenden Hog-line ausgelassen werden! Wenn Sie nun glauben, der Stein habe die geforderte Geschwindigkeit, so öffnen Sie einfach Ihre Hand und lassen den Griff los. Um den Stein korrekt mit dem *In-turn* oder dem *Out-turn* zu spielen, müssen Sie ihn allerdings von Anfang an richtig in die Hand nehmen (siehe nachstehenden Absatz); es wäre also falsch, ihm jetzt bei der Abgabe mit der Hand einen kleinen Stoß zu geben. Der Stein würde unweigerlich nicht mehr genau auf den Besen zulaufen.

a) Grundstellung

Nachdem Sie nun den Stein losgelassen haben, verbleiben Sie in Ihrer Abgabehaltung bis zum Stillstand. Schauen Sie Ihrem Stein nach, denn nur in dieser Position können Sie erkennen, ob Sie korrekt auf den Besen gespielt haben.

In-turn und Out-turn

Wie schon erwähnt, beschreibt der Curlingstein auf seinem Weg von der Abgabe bis zum gegenüberliegenden Haus eine leicht parabolische Kurve. Der Grund dafür ist die Drehbewegung des Steines, der Curl. Dreht er sich im Uhrzeigersinn, sprechen wir vom In-turn oder In-handle, dreht er sich gegen den Uhrzeigersinn, vom Out-turn oder Out-handle. Das korrekte Abspielen beider Varianten beginnt schon mit dem Anfassen des Steines:

Zufassen mit Gefühl

Curler brauchen kräftige Finger, denn der Stein wiegt immerhin fast 20 kg. Packen Sie nicht zu wie bei einem Tennisschläger, sondern fassen Sie den Griff gefühlvoll mit den Fingerspitzen an. Wenn wir die Uhr als Hilfsmittel nehmen, so sollte der Griff des Steins beim In-handle auf etwa

b) trunklift und Gewichtsverlagerung

c) Sliden und Aus-lassen.

*Abb. 14: Das Sieger-
team der Weltmeister-
schaft von 1984, Ca-
nada. Perfekte Abga-
be von Skip Connie
Laliberté.*

Der richtige „Dreh"

„halb sechs" zeigen, beim Out-handle ungefähr auf „acht". Da Sie den Arm während der gesamten Abgabe gestreckt halten, brauchen Sie während der Slidingperiode nur noch Ihre Hand aus dem Handgelenk heraus geradezustellen und loszulassen. Der Stein wird sich in der gewünschten Richtung drehen.

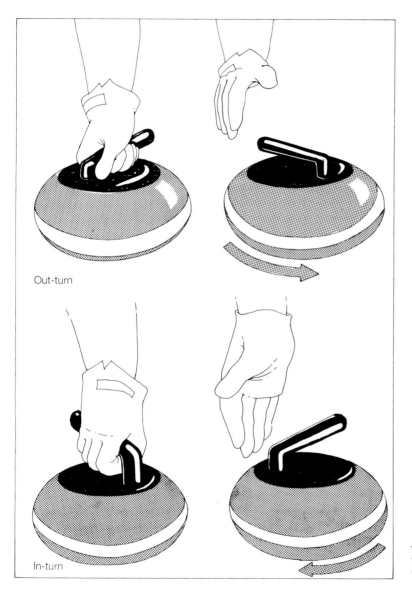

Out-turn

In-turn

Abb. 15: Handhaltung und Drehrichtung bei In-turn und Out-turn.

Das Zubehör

Der Stein

Die meisten Laien sind sehr überrascht, wenn sie erfahren, daß ein Curlingstein fast 20 kg wiegt. Sie wundern sich, daß sogar halbe Kinder und zierliche Frauen in der Lage sind, diese Brocken von einem Ende der Eisfläche zur anderen zu befördern. Dies ist natürlich nur möglich durch das Zusammenwirken verschiedener Faktoren: spezieller Schliff der Curlingsteine, ausgefeilte Abgabetechnik (von der bereits die Rede war) und spezielle Curlingschuhe, die optimale Beschleunigung ermöglichen.

Zunächst jedoch zum Stein:
Gewicht 18,6 kg mit einer Toleranz von ± 113 g
Steindurchmesser 280 mm (Toleranz 3 mm)
Minimalhöhe 11,43 cm
Laufringdurchmesser 127 mm (Toleranz 1,5 mm)

Steine aus Schottland und Wales

Nicht jeder Granit ist für die Herstellung von Curlingsteinen geeignet, die meisten sind zu porös, sie würden durch das Stehen auf dem Eis Feuchtigkeit ansaugen und dadurch nicht nur ihr Gewicht wesentlich verändern, sondern möglicherweise aufgrund der gefrierenden Feuchtigkeit platzen. Daher kommt für die Herstellung von Curlingsteinen nur ein besonders dichtes Material in Frage, das – welcher Zufall – bisher nur in Schottland und in Wales gefunden wurde. Auf der schottischen Insel Ailsa Craig, die fast ausschließlich aus diesem Granit besteht, hat man aus technischen Gründen inzwischen den Abbau fast völlig eingestellt, so daß die neuesten Steine zumeist aus den walisischen Steinbrüchen kommen. Es gibt verschiedene Qualitätsbezeichnungen für Curlingsteine; von Ailsa Craig kommen die „Red Hone", die „Blue Hone" (die besten), und die „Common Ailsa". Bis in das zwanzigste Jahrhundert hinein gab es aber auch solche mit pittoresken Namen wie „Burnock Water" aus Ayrshire,

Abb. 16: Moderner Stein mit Kunststoff-griff.

Abb. 17: Historische Steine aus Eisen.

Abb. 18: Steine aus dem 18. Jahrhundert, in der Mitte „The Egg", Gewicht 57,5 kg!

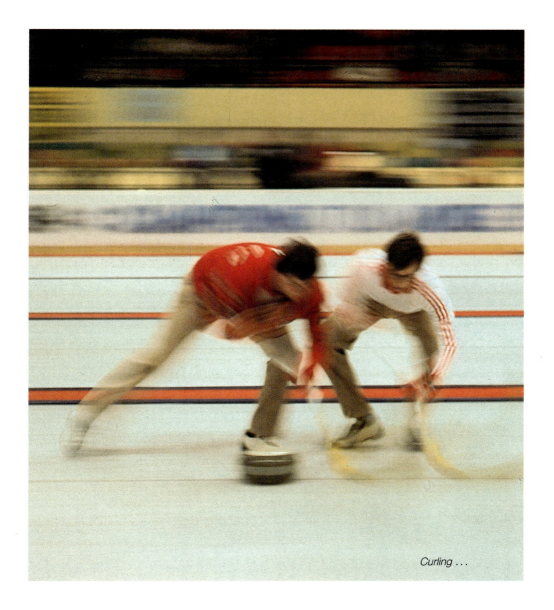

Curling ...

*. . . Sport mit Stein und
Besen . . .*

„Crawfordjohn" aus Lanarkshire oder die Steine aus grünem oder schwarzem Serpentin aus Crieff.

Früher war es üblich, daß jeder Spieler ein Paar Steine sein eigen nannte und in Körbchen verpackt zum Spiel mitbrachte. Bei der heute erforderlichen Spielpräzision ist jedoch kein Raum mehr für individuelle Steine. Die Hallen oder Curling-Clubs stellen den Spielern die entsprechende Anzahl von vollkommen gleich gefertigten Sets (Sätzen) zur Verfügung. Ein Set besteht aus acht Steinen, mit gleichfarbigen Handles (Griffen) versehen, und vorzugsweise spielt auch die Gegenpartei mit einem identischen Set.

Die Herstellung der Steine ist ziemlich aufwendig. Pro Stein muß zunächst ein ca. 60 kg schwerer quadratischer Block gebrochen werden, der dann auf speziellen Schleifmaschinen mit Diamantschneidern auf eine Rohform zurechtgeschliffen und in weiteren Arbeitsgängen auf die vorgegebenen Maße und Toleranzen poliert wird. Um den Bauch des Steines sieht man den „Striking Band", den Kollisionsring, der etwas rauher ist als der Rest des Steines. Dieser Ring, und nur dieser, kommt mit den anderen Steinen beim Spiel in Kontakt.

Der Stein ist beidseitig leicht hohl geschliffen, so daß er nur auf einem schmalen Laufring aufliegt. Dieser Laufring wetzt sich im Laufe von ca. 5–8 Jahren ab; der Stein kann dann gewendet werden, da die Griffe nur mit einem durchgehenden Bolzen und versenkten Muttern befestigt sind. Wenn beide Seiten abgespielt sind, ist ein Nachschleifen durch Spezialisten möglich. Da ein komplettes Set Steine in guter Qualität heute etwa 8000,– DM kostet, lohnt sich das immer.

Der Besen

Wie auf alten schottischen Bildern zu sehen ist, bestand der Besen ursprünglich aus Reisig und diente dazu, Schnee und sonstige Unreinheiten aus der Laufbahn des Steines zu kehren. Irgendwann entdeckte man aber, daß durch kräftiges Reiben des Eises die Bahn des Steines verlängert werden kann. Damit schlug die Todesstunde des Reisigbesens, denn dieser war dafür zu grob. Zunächst verwendete man dann Strohbesen, im späten 19. Jahrhundert kam der Roßhaarbesen auf. Heute ist dieser das am weitesten verbreitete Wischgerät in Europa, nicht nur wegen seiner relativ einfachen Handhabung auch für Anfänger, sondern auch wegen

Besen aus Roßhaar und Stroh

seiner Präzision und der guten Kontrolle bei wenig Platz zum Wischen im Haus und nicht zuletzt auch wegen seiner Langlebigkeit.

Diese Roßhaarbesen bestehen aus bis zu 5000 spezialgehefteten und verleimten Borsten. Es gibt breitere und schmale, leichte und schwere Modelle; die Stärke des Stiels kann ebenso variieren wie die Festigkeit der Borsten. Bei einigen Modellen kann der Stiel – zum leichteren Transport – auch auseinandergeschraubt werden (findige Schotten haben den Hohlraum im Stiel schon für die Whiskyration genutzt – letzteres Modell empfiehlt sich natürlich weniger für Wettkämpfe!).

In Kanada nahm die Entwicklung des Besens eine andere Richtung: Dort verbesserte man die ursprünglichen Strohbesen, flachte sie ab und band eine Lage kürzerer Fasern darüber; das Material ist Maisstroh. Die Handhabung dieser Besen verlangt sehr kräftige Muskeln an Armen und Rücken und ist recht schwer zu erlernen, der Besen kann auf engem Raum nur begrenzt angewandt werden. Über die Effektivität des Wischens mit dem „Corn-broom" im Gegensatz zum Roßhaarbesen haben sich schon viele Generationen von Curlern gestritten – weder ist ein

Abb. 20: Rocker und Disk, zwei neue Besenkonstruktionen.

Ende dieser Auseinandersetzung abzusehen, noch ist die Prinzipfrage bis heute endgültig geklärt.

Die Wischbewegung mit dem Roßhaarbesen geht quer zur Laufrichtung des Steines, wobei der Besenkopf immer auf dem Eis verbleibt. Mit dem „Corn-broom" oder Schlagbesen erzeugt man die notwendige Wärme auf dem Eis durch rhythmisches Schlagen, wobei nach jedem Schlag die Besenseite gewechselt und dadurch der Besen natürlich vom Eis abgehoben wird.

Besen
in neuer
Form

Eindeutig sportlicher und optisch eindrucksvoller ist das Wischen mit dem Corn-broom, der größte Nachteil ist die Verunreinigung des Eises durch abgebrochene Strohhalme. Das ist auch der Grund dafür, warum bei internationalen Wettkämpfen das Eis nach fünf Ends gereinigt wird. Bei kräftiger Wischarbeit hält ein Corn-broom höchstens zwei Spiele aus, während der Roßhaarbesen es doch auf eine ganze Saison bringen kann. Um die Nachteile des Corn-broom zu kompensieren, wurden in Kanada die sog. „Rink-rats" entwickelt, in Form und Größe dem Corn-broom ähnelnde Gegenstände aus Schaumgummi mit einem elastischen Stoffüberzug. Sie sind zwar widerstandsfähiger als die Maisstrohbesen, erfordern aber mehr Kraftaufwand und sind auch viel lauter bei der Anwendung. Die allerneuesten Experimente auf dem Besenmarkt verdienen den Namen „Besen" nicht mehr. Einmal handelt es sich dabei um ein dreiseitiges längliches Holzstück mit Stiel, das auf zwei Seiten mit einer Art grünem Kunstrasen beklebt ist. Eine andere Variante ist ein plüschbezogener Teller mit kugelgelenkgelagertem Stiel. Der Wischeffekt soll gleich oder gar besser als bei der Bürste sein, die Unverwüstlichkeit (keine ausfallenden Besenhaare mehr auf dem Eis) soll ein weiterer Pluspunkt sein.

Die Schuhe

Drei wichtige Kriterien müssen sie erfüllen: Füße warmhalten, die Sliding-Bewegung optimal ermöglichen und gleichzeitig ein Ausrutschen auf dem Eis verhindern. Alle diese Forderungen in einem erfüllt nur ein moderner Curlingschuh, der in verschiedenen Ausführungen auf dem Markt ist. Ein solcher Schuh ist zumeist warm gefüttert (etwa mit Filz) und hat auf der linken Sohle (für Linkshänder rechts) eine Gleitschicht (Teflon, P-tex, und ähnliches), auf der man bei der Abgabe weit sliden (rutschen) und dabei den Stein genau führen kann. Die rechte Sohle besteht aus einer weichen Gummimischung mit oder ohne Saugnäpfchen und guten Hafteigenschaften auf dem Eis. Um die Gleitsohle außerhalb der Eisfläche zu schützen und gleichzeitig auf dem Eis einen zusätzlich festen Stand zu haben, gibt es auch Anti-Slider, eine Art flacher Weichgummi-Galoschen, die man über diese Sohle stülpen kann.

Da Curlingschuhe nicht ganz billig sind (zwischen DM 170,– und 250,–, je nach Fabrikat), empfiehlt sich für Anfänger zunächst ein Hilfsmittel, der Slider. Es handelt sich dabei um eine Gleitsohle mit Lederrand und Gummiband, die man über einen warmen, rutschfesten Sportschuh ziehen kann.

Abb. 21: Moderner Curlingschuh mit Gleitsohle (MItte) und Standsohle (oben).

Die Bekleidung

Locker, warm und zweckmäßig soll sie sein, die Hosen möglichst aus einem dehnbaren Material (Stretch, Jersey). Jeans sind ungeeignet, da sie bei der geforderten Abgabehaltung nicht genug nachgeben können. Der Pullover soll lang sein und in jeder Position die Nieren bedecken. Zweckmäßig sind weiche, ungefütterte Lederhandschuhe. Auch hier gibt es Spezialhandschuhe ohne Nähte in der Handfläche und am Daumen (keine Blasen mehr bei der Wischarbeit!) zum Preis von etwa DM 50,–.
Einheitliche Jacken oder Pullover sind nur bei Meisterschaften erforderlich.

Abb. 22: Die Bekleidung: locker, warm und zweckmäßig.

Das Team

Eine Curlingmannschaft besteht aus vier Spielern, genannt Lead (oder Einser), Zweier, Dreier (oder Vize-Skip) und Skip. Jeder Spieler ist für bestimmte Aufgaben verantwortlich, und jeder ist gleichermaßen wichtig, soll die Mannschaft erfolgreich sein; die vier müssen zueinander passen, um Freude am Spiel zu haben. Vier zusammengewürfelte Spieler werden auf lange Sicht nie erfolgreich sein, da die früher oder später auftretenden persönlichen Differenzen die erforderliche Harmonie nicht aufkommen lassen. Deshalb sollten sich die Spieler eines guten Teams auch menschlich verstehen und einander hinsichtlich ihrer spielerischen Fähigkeiten respektieren und vertrauen.

Auf jeder Position des Teams sind bestimmte psychische und physische Eigenschaften gefordert; sie sollen nachstehend kurz geschildert werden:

Lead

Spieler mit Kondition

Dies ist die Position, auf die die meisten Anfänger gesetzt werden, wenn sie zum ersten Mal an einem Spiel teilnehmen. Das bedeutet aber nicht, daß die beiden ersten Steine weniger wichtig sind als die beiden, die der Skip als letzter abspielt, im Gegenteil: Die beiden Leadsteine ermöglichen es dem Skip erst, seine geplante Strategie durchzuführen. Mit anderen Worten: der Lead bestimmt den Verlauf eines Ends. Ein Team, dessen Lead seine Steine stets bringt, sei es durch Draws oder Take-outs, wird stets im Vorteil sein.

Zu den Aufgaben eines Leads gehört es auch, sein Team über die Eisbeschaffenheit und die erforderliche Länge zu informieren. Wenn er keine Gelegenheit hatte, andere Steine zu beobachten, muß er das durch Betrachten der Eisoberfläche und Fühlen mit den Fußsohlen erkennen.

Weitere wichtige Eigenschaften eines guten Leads sind eine hervorragende Kondition für das Wischen von sechs Steinen hintereinander, ein gutes Auge für die Geschwindigkeit der einzelnen Steine für korrekten

Wischeinsatz, und, vielleicht das Wichtigste: Zufriedenheit mit seiner Position. Er muß wissen, daß seine Aufgabe keinesfalls leicht und insbesondere sehr wichtig für sein Team ist. Ein erfahrener und guter Curler, der gerne Lead spielt, ist der beste Aktivposten seines Teams.

Zweier

Auch dieser Spieler muß gerne auf seinem Posten spielen und zudem gut mit dem Lead harmonieren. Da die beiden als eine Einheit zusammenarbeiten, sollten sie einander respektieren und freundschaftlich miteinander verbunden sein. Wie der Lead ist auch der Zweier in guter körperlicher Verfassung und hat ein sicheres Auge für die Geschwindigkeit der Steine. Ein guter Zweier verpaßt selten einen offenen Take-out, ist aber ebenso ein guter Draw-Spieler. Vor allem kann er zwischen diesen beiden Möglichkeiten leicht hin- und herwechseln. Er ist beständig in seinen Leistungen und wahrt damit den vom Lead erspielten Vorteil oder bügelt aus, was der Lead verfehlt hat. Zusammenfassend könnte man sagen: der Zweier muß keine aufsehenerregenden Steine spielen, sollte aber die einfachen gut beherrschen.

Allround-Talent

Dreier (Vize-Skip)

Dies ist die Schlüsselposition jedes Teams. Ein guter Dreier ist eine ganz besondere Persönlichkeit mit vielen unterschiedlichen Eigenschaften. Zumeist ist er der technisch beste Spieler seines Teams. Er kann alle schwierigen Steine spielen: Take-outs, Draws, Freezes, Doubles und Guards. Damit entlastet er seinen Skip vom Spieldruck. Daneben bringt er beim Wischen eine effektive Leistung. Er ist zudem das Verbindungsglied zwischen Front-end (Lead und Zweier) und Skip. Er gibt Veränderungen in der Eisbeschaffenheit an das Front-end weiter und informiert den Skip im Gegenzug über Veränderungen, die dem Front-end aufgefallen sind. Er hält das Front-end über die geplante Taktik auf dem laufenden, und – was sehr wichtig ist – er stärkt die Moral seiner Mitspieler. Ein fähiger Dreier ist weiterhin ein guter Taktiker und kann seinem Skip bei Entscheidungen zur Seite stehen, er hat ein gutes Gedächtnis für die Eisverhältnisse, gibt aber alle Erkenntnisse taktvoll weiter, um das Selbstvertrauen der Spieler zu stärken und nicht nur als Kritiker zu erscheinen.

Der Techniker

Die moralische Unterstützung des Skips ist notwendig, damit dieser trotz des großen Druckes, der auf ihm lastet, seinen Fähigkeiten entsprechend

Abb. 23: Teamwork beim Curling. Der Skip (ganz links) hat seinen Stein abgegeben, Nr. 1 und 2 beim Wischeinsatz, Nr. 3 dirigiert im Haus (Weltmeister Kanada 1983).

spielen kann. Der Dreier respektiert in jeder Situation die Entscheidung seines Skips. Er steht als dessen Stellvertreter während der letzten beiden Steine im Haus, ist dann allein verantwortlich für die Wischkommandos und kann aufgrund seiner Erfahrung alle Möglichkeiten beurteilen, die sich aus dem Lauf des Steins ergeben können.

Skip

Skip zu sein gehört zu den härtesten und umfassendsten Aufgaben im Mannschaftssport Curling. Ein Skip stellt selbst seine Mannschaft zusammen, für gewöhnlich coacht er sie auch, entscheidet über die angewandte Strategie (offensiv oder defensiv), muß unter Belastung die schwierigsten Steine spielen, die gegnerischen Schwächen analysieren und das Eis lesen können – um nur einige seiner Aufgaben zu nennen.

Der Taktiker

Dazu sind neben Erfahrung und Können eine Reihe ganz bestimmter Eigenschaften notwendig: Das Selbstvertrauen eines Skips muß sehr stark entwickelt sein, gleichzeitig aber sollte er gutmütig und verträglich

sein, um von seinem Team geachtet und geschätzt zu werden. Weiterhin muß ein guter Skip sein Team moralisch stärken, zu voller Leistung motivieren und ihm spielerisch ganz vertrauen können. Er ist nicht notwendigerweise der technisch beste Spieler, ist aber nervenstark, behält stets die Übersicht und ist in der Lage, auch unter Belastung schwierige Steine zu bringen, die für sein Team den Sieg bedeuten.

Abb. 24: Auch mit dem Corn-broom: Nur harter Wischeinsatz führt zum Erfolg.

Strategie

Erst die Strategie macht Curling zu dem wunderbaren Spiel, das es ist, erst sie macht daraus mehr als bloßes Steineschieben auf einer Eisfläche. Jeder Spieler eines Teams sollte mit ihren Grundzügen vertraut sein, auch wenn letztendlich der Skip die Entscheidungen trifft und dafür gerade stehen muß. Dabei kann jeder, wie beim Schachspiel, eine andere Auffassung darüber haben, was in einer bestimmten Situation erforderlich ist. Wir können nur einige Punkte berücksichtigen, denn, wie gesagt, jeder Skip muß seine eigenen Vorstellungen in seinem Spiel realisieren. Es gibt fast nie identische Situationen, und das macht dieses Spiel so faszinierend. Hinzu kommt noch das notwendige spielerische Können, denn was nützt die beste Strategie, wenn sie nicht durch die gespielten Steine untermauert wird. Jeder einzelne Stein ist ein Teil davon, und nur durch Erfahrung lernt man, wie man das beste aus den verschiedenen Situationen machen kann.

Wichtige Faktoren, die die Strategie beeinflussen, sind
a) der Spielstand,
b) der Spielabschnitt (frühe, mittlere oder letzte Ends),
c) eigenes und gegnerisches Spielkönnen,
d) Vorteil des letzten Steines und
e) die Eisverhältnisse.

Ein Skip muß all diese Faktoren berücksichtigen und dann versuchen, daraus einen Vorteil unter Ausnutzung der gegnerischen Schwächen zu ziehen.

Grundsätzlich kann man zwei Spielweisen unterscheiden, die *offensive* und die *defensive*.

Die offensive Spielweise bevorzugt das *Draw*-Spiel, während für die defensive der *Take-out* steht. Auch hier kann man nicht verallgemeinern, aber für gewöhnlich ist folgendes zutreffend:

Das *defensive (Take-out) Spiel* ist zweckmäßig in den frühen Ends, da es leichter zu spielen ist als das Draw-Spiel. Die einzelnen Spieler müssen sich erst mit dem Eis vertraut machen und ihre Draw-Länge finden, daher ist die Chance für ein erfolgreiches Take-out größer.

Weiterhin ist eine defensive Spielweise möglich bei ausreichender Führung. Man muß selbst nicht mehr unbedingt weitere Punkte machen und wird nun versuchen, die erspielte Führung zu halten und den Gegner am Punkten zu hindern. Die beste Methode dafür ist, die gegnerischen Steine aus dem Spiel zu entfernen.

Take-outs sind auch zu empfehlen bei außerordentlich schnellem oder außerordentlich langsamem Eis. Das schnelle Eis erfordert eine sehr genaue Draw-Länge, das langsame dagegen verlangt größeren Krafteinsatz auf Kosten der Präzision. In diesen Fällen sind perfekte Draws sehr schwierig, ein Take-out viel einfacher. Läuft das Eis sehr gerade und curlen daher die Draws nicht weit genug hinter die Guards, ist das Take-out ebenfalls zweckmäßiger, zumal auch Raise-take-outs auf geradem Eis relativ einfach zu spielen sind. Auch auf rauhem und schmutzigem Eis ist ein Take-out-Spiel zu empfehlen.

Im allgemeinen sollte man auch dann defensiv spielen, wenn das gegnerische Team den Vorteil des letzten Steines hat. In einem solchen End nehmen einfache Steine mit einer möglichst geringen Fehlerquote dem Gegner die Chance, ein großes End zu schreiben.

Haben Sie den Eindruck, der Gegner sei spielerisch schwächer als Ihr eigenes Team, werden Sie ebenfalls das Take-out bevorzugen, das eigene Team spielt die einfacheren Steine, wartet auf gegnerische Fehler und hofft so auf mehrere Punkte. Es wäre aber dabei ein Fehler, Steine vor dem Haus liegen zu lassen, denn auch ein schwächerer Gegner kann durch einen glücklichen Roll oder Raise hinter die Guards kommen und ist dann unerreichbar. Halten Sie also das Haus weit offen, immer mit der Möglichkeit für ein Take-out, und warten Sie auf gegnerische Fehler!

Die *offensive (Draw) Spielweise* ist risikoreich. Hier verbleiben mehr Steine im Spiel, und der Gegner kann möglicherweise einen Punkt machen, der schwer zu verhindern ist. Deshalb ist diese Spielweise nur in den letzten Ends zu empfehlen, wenn man das Eis schon kennt und weiß, daß das gesamte Team seine Länge gefunden hat.

Weiterhin spielen Sie offensiv bei Vorteil des letzten Steines für das eigene Team oder bei großem Punkterückstand. Im letzteren Fall ist es oft die einzige Möglichkeit, aufzuholen. Bei unentschiedenem Spiel oder nur

Offensiv oder defensiv

geringem Rückstand kann man mit dieser Spielweise zwei oder drei Punkte gewinnen und damit die Kontrolle über das Spiel erlangen. Dabei müssen Sie aber Steinvorteil haben und sicher sein, daß die eigene Länge stimmt!

Es gibt auch Eisverhältnisse, die zu einem Draw-Spiel ermutigen: das Eis ist sehr gut und Draws sehr einfach auszuführen, oder das Eis curlt sehr stark und folglich sind Take-outs sehr schwierig.

Eine weitere Variante des offensiven Spiels ist das sogenannte „garbage game". Man läßt möglichst viele Steine im Spiel und hat dadurch mehr Chancen für eine gelungene Aktion unter Ausnutzung der vorhandenen Steine als Guards. Zu empfehlen bei wesentlich spielstärkeren Gegnern! Dies ist keine defätistische Einstellung, aber mit je mehr Steinen es der Gegner zu tun bekommt, desto komplizierter muß das Spiel naturgemäß für ihn werden. Ein Come-around Tap-back ist sicherlich viel schwieriger auszuführen als ein weit offener Take-out. Dazu kommt, daß eine mit dieser Spielweise erzielte frühe Führung des eigenen Teams sehr häufig einen demoralisierenden Effekt auf den Gegner hat. Oft heißt es dann: „Normalerweise schlagen wir sie ja leicht, aber gegen das Glück, das sie heute hatten, waren wir ohne Chance!"

Die nachfolgende Tabelle gibt einen Überblick über das Für und Wider der einzelnen Spielweisen:

Take-out oder Draw

Draw (offensiv)	Take-out (defensiv)
– letzte Ends	– frühe Ends
– mit Rückstand	– in Führung
– mit letztem Stein	– ohne letzten Stein
– starker Gegner	– schwacher Gegner
– stark curlendes Eis	– gerade laufendes Eis
– normales Eis	– außergewöhnlich schnelles oder langsames Eis

Wir wollen nun genauer auf die Strategie der einzelnen Spielabschnitte eingehen
a) in den frühen Ends (End 1–4)
b) in den mittleren Ends (End 5–8)
c) in den letzten Ends (End 9 und 10).

Frühe Ends

Gleichgültig, auf welchem spielerischen Niveau das Spiel verläuft, ist die Strategie der frühen Ends möglichst einfach und defensiv (Take-out). In diesen Ends ist es die Hauptaufgabe, herauszufinden, wie Steine und Eis laufen, und sich selbst diesen Gegebenheiten anzupassen. Anhand von einfachen Aufgaben wird jeder Spieler mit mehr Selbstvertrauen seine Draw- und Take-out-Längen finden und damit auch erfolgreicher sein.

In diesen frühen Ends wird der erfahrene Skip die Eisverhältnisse sorgfältig studieren und sich merken. Er wird versuchen, Steine über das ganze Haus verteilt zu spielen, mit verschiedenen Turns, Hits und Rolls, um jegliche Besonderheit in der Bahn zu entdecken. Wir als Spieler müssen uns dem Eis anpassen, wie schwierig oder unregelmäßig es auch sein mag, denn das Eis wird sich nicht uns zuliebe ändern. Läßt man sich nämlich durch die Eisbedingungen aus der Fassung bringen, schadet man sich nur selbst, und von optimalem Spiel kann keine Rede mehr sein!

Während der frühen Ends studiert man auch seinen Gegner und versucht schwache Punkte zu entdecken; sind solche vorhanden, heißt das zumeist, daß er bestimmte Steine nicht sehr gut spielt. Diese Information kann man zum eigenen Vorteil nutzen und den Gegner zwingen, Steine zu spielen, die ihm nicht liegen. Beispiel: Hat ein Team Schwierigkeiten, bei der Abgabe das Gleichgewicht zu halten und damit die Draw-Geschwindigkeit zu finden, wird es sehr wahrscheinlich ein Take-out-Spiel bevorzugen. Unsere Aufgabe ist es dann, ihm das zu erschweren und es immer wieder zu Draws zu zwingen.

Während der frühen Ends ist es nicht empfehlenswert, sei es mit oder ohne letztem Stein, Guards vor das Haus zu legen. Ein solcher Stein vermittelt dem Skip keine Erkenntnisse hinsichtlich der Eisverhältnisse im Haus und läßt den einzelnen Spieler selbst erst spät seine Draw-Geschwindigkeit finden. Diese Guards entwickeln sich dann zu einem ernsten Problem, wenn es dem Gegner gelingt, dahinterzufahren. Es ist daher immer besser, zunächst längere Steine zu spielen und ins Haus zu kommen, statt sich mit einem Haufen unerwünschter Steine vor dem Haus abzuplagen.

Versuchen Sie auch, die Steine möglichst zur Hausmitte hin zu plazieren! Ist nämlich einer einmal etwas zu kurz geraten, bildet er für den Gegner immer noch eine gewisse Bedrohung als Center-Guard. Dies gilt umso mehr, wenn man nicht den letzten Stein hat, wie Abbildung 25 zeigt.

Taktischer Fahrplan frühe Ends:

– defensives Spiel mit oder ohne letzten Stein
– Studium der Eisverhältnisse und des Gegners und das Finden der eigenen Länge
– Guards vermeiden
– ohne den letzten Stein: Spiel zur Mitte (Draws und Hit-and-Rolls)
– mit dem letzten Stein: Rolls zur Seite
– Weg zum Vierfußkreis immer offen halten

Mittlere Ends

Als mittlere Ends werden für gewöhnlich die Ends 5 bis 8 eines normalen Zehn-End-Spiels betrachtet. Während dieser Ends versuchen die Skips, die Kontrolle über das Spiel zu gewinnen. Sie haben sich ein zutreffendes Bild von den Eisverhältnissen gemacht, und alle Spieler haben ihre Länge gefunden.

Kontrolle über das Spiel

An diesem Punkt angelangt sollten Sie sich, indem Sie den Spielstand berücksichtigen, über die anzuwendende Strategie klar werden. Bei etwas Glück in den frühen Ends und einer Führung von zwei und mehr Steinen setzen Sie das defensive Spiel fort; Sie haben die Situation unter Kontrolle und es besteht keine Veranlassung, die Strategie zu ändern.

Wenn das Spiel ausgeglichen ist oder Sie mit nur einem Punkt im Rückstand sind, ist es noch zu früh für ein risikoreiches Vorgehen. Nur bei Steinvorteil und einer sicheren Draw-Länge könnte man etwas offensiver spielen. Der Weg zum 4-Fuß-Kreis muß aber dabei stets für den letzten Stein offen bleiben. Mit einem Draw in diesem Bereich ist das End noch zu retten, falls etwas schiefläuft und der Gegner drauf und dran ist, einen oder mehrere Punkte zu stehlen, was ihm für den Rest des Spieles natürlich einen großen psychologischen Auftrieb geben würde. Es ist auch ein weit verbreiteter Irrtum zu glauben, man müsse jedesmal einen Punkt stehlen, wenn der Gegner den letzten Stein hat. Stehlen ist ein riskantes Unternehmen; oft ist es günstiger, den Gegner einen Stein schreiben zu lassen, damit den Steinvorteil zurückzugewinnen und dann selbst im nächsten End zwei oder mehr zu punkten.

Anders sieht die Lage aus, wenn Sie mit zwei oder mehr Punkten im Rückstand sind und das Gefühl haben, der Gegner kontrolliere das Spiel.

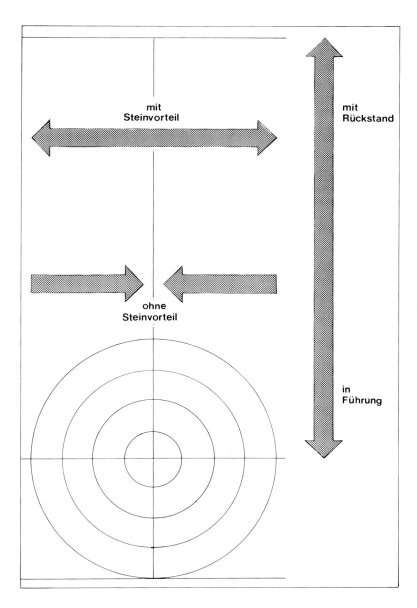

mit
Steinvorteil

ohne
Steinvorteil

mit
Rückstand

in
Führung

*Abb. 25: Empfeh-
lenswerte Steinplazie-
rung bei unterschied-
lichem Spielstand.*

In diesem Fall müssen Sie mehr wagen, und zwar um so mehr, je weiter Sie zurückliegen. Vermeiden Sie aber den Fehler, auf ein defensives Spiel zurückzuschalten, falls die Lage im ersten Moment schlecht aussieht. Wichtig ist es, Punkte zu machen, und die Chancen dazu sind größer, wenn viele Steine im Spiel sind.

Taktischer Fahrplan mittlere Ends:

Stand	mit letztem Stein	ohne letzten Stein
Zwei oder mehr in Führung	– defensiv	– defensiv
Zwei oder mehr im Rückstand	– keine Panik, aber offensives Spiel – versuchen, ein großes End zu schreiben, um wieder dabei zu sein – vernünftige Risiken sind in dieser Situation erforderlich	– keine Panik, aber offensives Spiel – Stehlen von einem oder zwei Ends könnte Spielstand wieder ausgleichen
Unentschieden	– defensiv – Vorteil auf Ihrer Seite – Warten auf gegnerische Fehler, Mitte offenhalten, um Stehlen zu verhindern	– defensiv – zu früh für Risiko – Gegner eins schreiben lassen, um Steinvorteil wieder zurückzugewinnen
Eins in Führung	– gleiche Strategie wie unentschieden	– gleiche Strategie wie unentschieden
Eins im Rückstand	– gemäßigt offensiv – gute Chancen für gewagtes Spiel, bei Selbstvertrauen und guter Drawlänge mindestens 1 schreiben	– zu früh für Panik und unnötiges Risiko – etwas wagen mit gemäßigt offensiver Strategie – nicht um jeden Preis stehlen und dem Gegner dadurch die Chance zu mehreren Punkten geben

als Wettkampf und Freizeitvergnügen . . .

. . . in der Halle und im Freien.

Letzte Ends

Im neunten und zehnten End kämpfen beide Teams darum, die Kontrolle über das Spiel zu erringen oder zu behalten. Zu diesem Zeitpunkt ist der Steinvorteil das wichtigste Kampfinstrument.

Ein Team, das mit zwei oder mehr Steinen in Führung liegt, wird voll defensiv spielen und alle Steine, die eigenen eingeschlossen, aus dem Spiel entfernen. Die ersten Steine werden durchgeschossen, beim Take-out versucht man, zusammen mit dem Gegner aus dem Haus zu rollen. Das Haus soll „sauber" bleiben und der Gegner höchstens einen Punkt schreiben: Ein Stein, der nicht im Spiel bleibt, kann nicht als Guard oder Bremse für einen gegnerischen Freeze dienen. Jeder im Spiel verbleibende Stein wird sonst vom Gegner zu dessen Vorteil genutzt.

Bei einem Rückstand von zwei oder mehr Steinen *muß* offensiv gespielt werden. Die Zeit läuft davon, und nur mit einem großen End ist der Anschluß noch zu finden. Ein Fehlstein des Gegners oder ein spektakulärer eigener Stein können ein Zweier- oder Dreierhaus ermöglichen und den Sieg näher bringen. Der Gegner wird dabei selbstverständlich nur Take-out spielen, aber egal wo seine Steine liegen bleiben, für Sie ist die einzig richtige Spielweise in diesem Fall der *Draw*. Es müssen soviel Steine als irgend möglich im Spiel bleiben, egal ob gegnerische oder eigene; nur das ermöglicht einen Draw dahinter, ein Tap-back oder liefert eine Auflage für einen Freeze. Denn eines ist sicher: Ein verlorenes Spiel ist immer ein verlorenes Spiel, egal mit welchem Resultat, ob mit einem oder fünf Steinen. Konzentrieren Sie sich jetzt also auf die einzige Chance für einen eventuellen Sieg, auf ein großes End.

Bei unentschiedenem Spiel, einer Führung von einem Stein und mit Steinvorteil kontrollieren Sie das Spiel. Es geht jetzt nur noch darum, ein Stehlen durch den Gegner zu verhindern, indem man alles weit offen hält (Take-out). Sogar ein Nullerend im 9. Spielabschnitt ist von Vorteil, weil Sie damit den Steinvorteil für das letzte, das zehnte End behalten.

Bei Gleichstand oder Rückstand von einem Stein sowie ohne Steinvorteil im zehnten End muß man das End stehlen. Im neunten könnte man noch vorsichtig sein, aber im zehnten gibt es nichts anderes als volles Risiko – zumindest könnte man ein Zusatzend und eine neue Chance erzwingen. Der gegnerische Skip darf seinen letzten Stein nicht durchbringen. In der folgenden Tabelle sind die Möglichkeiten für das zehnte End aufgezeigt, mit oder ohne Risiko für den Skip.

Der Spielstand ist entscheidend

Abb. 26:

a) Bedrohliche Situa-
tion für das Team mit
den weißen Steinen.
Die Mannschaft mit
den dunklen Steinen
liegt zweimal und hat
den letzten Stein.

b) Einzige Möglichkeit,
eine Katastrophe ab-
zuwenden, ist der
Freeze. Der weiße
Stein ist noch in Be-
wegung.

*c) Der Freeze ist ge-
lungen und liegt noch
dazu shot. Das Team
mit den dunklen Stei-
nen kann nur noch ei-
nen schreiben (aus
dem DM-Finale 1985
CC Schwenningen –
SC Rießersee).*

Taktischer Fahrplan neuntes End:

Stand	mit letztem Stein	ohne letzten Stein
Zwei oder mehr in Führung	– defensiv – nur Take-outs – Stehlen des Gegners verhindern – eins zu schreiben kann nicht schaden	– defensiv – nur Take-outs – dem Gegner höchstens eins zugestehen, denn bei Führung und mit letztem Stein im letzten End ist das Spiel unter Kontrolle
Zwei oder mehr im Rückstand	– offensiv – risikoreich – versuchen, ein großes End zu machen, aber 4-Fuß-Kreis zur Sicherheit offenhalten, wenn Rückstand knapp und Chance auf Stehlen im letzten End vorhanden	– offensiv – nur Draws – Stehlen ist notwendig, um wieder Anschluß zu finden
Unentschieden	– offensiv/defensiv – Stehlen verhindern – Nullerend gut – wenn möglich großes End machen (zwei oder mehr)	– offensiv – wenn möglich stehlen, aber Vorsicht: im schlechtesten Fall darf der Gegner nur eins schreiben – gelegentlich empfehlenswert: Gegner eins schreiben lassen, um Steinvorteil für das letzte End wiederzuerlangen
Eins in Führung	– defensiv – wenn möglich Nullerend, aber lieber selbst eins schreiben als Gegner stehlen lassen	– defensiv – Gegner zwingen, eins zu machen oder ein Nullerend; Vorsicht: Gegner darf nicht zwei schreiben
Eins im Rückstand	– offensiv – für Spielkontrolle sind zwei Steine nötig, also risikofreudig – 4-Fuß-Kreis offenhalten	– offensiv – jetzt ist es Zeit, etwas zu riskieren und mindestens eins zu schreiben

Taktischer Fahrplan zehntes End:

Stand	mit letztem Stein	ohne letzten Stein
Zwei oder mehr in Führung	– defensiv – nur Take-outs – Punkte machen nicht mehr notwendig	– defensiv – nur Take-outs – Punkte machen nicht mehr notwendig
Zwei oder mehr im Rückstand	– offensiv – risikoreiches Spiel für zwei oder mehr, keine Sorge, wenn 4-Fuß-Kreis verbaut – keine Take-outs	– offensiv – nur Draws – volles Risiko, denn nur Glück und Verwegenheit bringen zwei oder mehr Punkte
Unentschieden	– defensiv – Stehlen verhindern – Weg zum 4-Fuß-Kreis offenhalten für den letzten Draw zum Sieg	– offensiv – nur Draws, da ein Punkt gestohlen werden muß – je mehr Steine im Spiel, desto größer die Chancen
Eins in Führung	– defensiv – Stehlen verhindern – mit Take-outs das Haus sauber halten	– nicht zu offensiv, versuchen eins zu stehlen, aber dem Gegner keine zwei zugestehen – andere Variante: defensiv, aber durchspielen und nur einfache Take-outs, damit Gegner nur eins schreiben kann und wir den Steinvorteil für das Zusatzend haben
Eins im Rückstand	– offensiv – Variante 1: Alles oder nichts – man spielt auf 2, egal ob Weg zum 4-Fuß-Kreis verbaut wird oder nicht – Variante 2: Weg zum 4-Fuß-Kreis offenhalten, eins schreiben und ins Zusatzend gehen	– offensiv (nur Draws) – jetzt muß man stehlen, egal wie viele Steine der Gegner im Haus hat, sonst ist das Spiel verloren

Diese Grundideen sind für viele Spielsituationen anwendbar, damit sollen jedoch individuelle Vorlieben oder Variationen nicht in Frage gestellt werden – falls sie erfolgreich sind! Jeder kann sein Team nach Belieben skippen, und, wie schon erwähnt, erst die vielen Variationen machen den Reiz dieses Spieles aus!

Strategie ist nicht alles!

Hier noch ein paar allgemein anerkannte Normen, die für gutes Skipping gelten:

Steine im Haus verteilen

1) Verteilen Sie Ihre Steine im Haus und legen Sie sie nach Möglichkeit auf die gleiche Höhe. Damit erhöht sich für den Gegner die Gefahr durchzurutschen, gleichzeitig wird die Chance auf ein Double-take-out vermindert.

2) Nützen Sie Unregelmäßigkeiten im Eis zum eigenen Vorteil, legen Sie also Ihre Steine nahe zu abfallenden Rinnen oder schnellen Gassen!

3) Im allgemeinen ist das Eis zu Beginn eines Spieles rauher und schwerer, die Steine laufen geradliniger. Abfallende Rinnen und sonstige Unregelmäßigkeiten kommen im Verlauf des Spieles stärker zur Geltung.

4) Spielen Sie auf unbekanntem Eis vorzugsweise Take-out, und wenn möglich von der gerade laufenden Seite aus.

5) Bei einem Take-out mit anschließendem Hinausrollen des eigenen Steines wählen Sie die Seite des gegnerischen Steines zum Treffen, die näher am Rand liegt, damit Ihr eigener Stein den kürzestmöglichen Weg hat. Spielen Sie dabei Ihre normale Take-out Geschwindigkeit.

6) Verlangen Sie von Ihrem Team stets genaue Hit-and-Rolls statt einfacher Take-outs. Dies fördert die Konzentration und stoppt das Routinedenken.

7) Wenn Sie ein Double- oder Triple-Take-out planen, denken Sie nie „alles oder nichts". Konzentrieren Sie sich auf den ersten Stein, der „Bonus" ist dann das Double oder Triple.

8) Ihr Team sollte zwei oder drei verschiedene Take-out-Längen spielen können. Prüfen Sie, welche Länge erforderlich ist, und lassen sie Ihr Team die beste Länge so oft als möglich spielen. Ein Wechsel in der Eisbeschaffenheit während des Spiels wird die Geschwindigkeit bestimmen.

9) Nützen Sie Gruppen von Steinen oder „Taschen" zu Ihrem eigenen Vorteil. Beispiel: Spielen Sie keinen Take-out auf eine Gruppe von Steinen im hinteren Teil des Hauses, wenn Ihr Draw in die Mitte dieser Gruppe nicht mehr entfernt werden kann.

10) Vermeiden Sie, wenn Sie im Steinvorteil sind, Guards zu spielen. Es ist günstiger, wenn Sie einen zweiten oder dritten Stein in das Haus legen, weil damit mehr Druck auf den Gegner ausgeübt wird und die Chance auf ein großes End wächst.

11) Spielen Sie auf Nuller-Ends, um den Steinvorteil zu behalten; dies ist in den letzten Ends eines Spieles besonders wichtig.

12) Curlt das Eis sehr stark, muß eine Guard näher an das Haus gelegt werden; läuft es hingegen sehr gerade, soll sie weiter entfernt liegen.

Immer das Eis beachten

13) Wenn Sie einen Center-guard umspielen wollen, geben Sie ein bißchen mehr Eis, denn halbversteckt ist besser als zwei Corner-guards. Seien Sie auch nicht zu schnell, denn es ist besser, eine zweite Guard zu haben als einen Stein im Haus, an den sich der Gegner bloß anzulegen braucht.

14) Müssen Sie sich gegen ein Freeze verteidigen, ist es die beste Möglichkeit, die Auflage zu entfernen. Geben Sie diesem Stein einen kleinen Schubs, statt einen zweiten Freeze zu spielen.

15) Wird ein Stein nicht ganz nach Ihrem Wunsch gespielt, so sollten Sie wissen, was man mit diesem Stein noch machen kann. Es kann sogar vorteilhaft sein, einen Stein, der mehrere Möglichkeiten bietet, spielen zu lassen; bei Ihrem eigenen Stein sollten Sie jedoch nur eine Möglichkeit ins Auge fassen.

16) Machen Sie sich ein geistiges Bild von der Situation im Haus, so daß Sie wissen, wo alle Steine liegen und nicht unabsichtlich darüberfallen und sich verletzen.

17) Wenn Sie Eis geben, halten Sie den Besen soweit als möglich auf der Tee-Line. Dies erleichtert Ihnen das Eislesen und die Erstellung eines geistigen Eisbildes.

18) Geben Sie Ihrem Team klare Anweisungen über den gewünschten Stein und seine Geschwindigkeit; entwickeln Sie Handzeichen dafür – dies sieht professioneller aus, läßt keine Zweifel zu und ist auch bei möglichem Lärm zu verstehen. Versichern Sie sich, daß sowohl Spieler als auch Wischer genau wissen, was gespielt wird.

19) Unterschätzen Sie *keinen* Gegner und lassen Sie sich durch eine frühe

Führung nicht in Sicherheit wiegen. Ein Gegner, der im Rückstand ist, wird sich natürlich mehr konzentrieren, sich auf Wechsel in der Eisbeschaffenheit einstellen, usw. Wenn Sie zu locker sind, wird er Sie einholen und am Ende doch schlagen.

Vorbereitung ist wichtig

20) Vermeiden Sie Ablenkungen während des Spiels, denn Sie müssen aus jedem Stein, der gespielt wird, etwas lernen. Rauchen, Trinken, Schwätzchen mit dem Nachbarn, Interesse am Spiel nebenan etc. sollten natürlich vermieden werden!

21) Wärmen Sie Ihre Muskeln vor jedem Spiel! Dies gibt psychologischen Auftrieb, ermöglicht, das Beste zu geben, und hilft gleichzeitig, Verletzungen vermeiden.

22) Wenn es möglich ist, sollten Sie vor Beginn des Spiels die Eisbahn genau in Augenschein nehmen. Geht dies nicht, schauen Sie sich eine der angrenzenden Bahnen an – nebeneinanderliegende Bahnen sollten in puncto Geschwindigkeit ähnlich sein.

23) Bereiten Sie sich und Ihr Team rechtzeitig auf das Spiel vor, diskutieren Sie Eisverhältnisse, geplante Strategie, Stärken und Schwächen des Gegners etc. Planen Sie genügend Zeit ein, so daß Sie nicht gehetzt auf dem Eis erscheinen.

24) Informieren Sie sich über die speziellen Regeln des Wettbewerbs, in dem Sie spielen (Zeitlimits, Zusatzends etc.) und seien Sie sich der allgemein gültigen Curling-Regeln und der Curling-Etikette bewußt.

Regeln

Curling ist eine der wenigen Sportarten, die während des Spiels ohne Schiedsrichter auskommt. Der Schiedsrichter, Umpire genannt, ist zwar anwesend, darf aber erst ins Geschehen eingreifen, wenn sich die beiden Parteien nicht einigen können und ihn rufen. Dies verlangt natürlich von allen Spielern ein hohes Maß an Fairness und Selbstbeherrschung. Abgesehen von den Regeln, die im Kapitel „Spielablauf" erwähnt wurden, gibt es einige weitere, die jedem Curler in Fleisch und Blut übergehen sollten:

Es ist ein ungeschriebenes Gesetz, daß kein Spieler einen anderen (auch nicht den Gegner) bei der Abgabe oder beim Wischen behindert oder gar stört. Jeder Spieler ist bereit zur Abgabe, wenn die Reihe an ihn kommt, er verzögert das Spiel nicht ungebührlich. Das Wischen erfolgt quer zur Laufrichtung des Steines, es dürfen zwei, drei oder alle vier Spieler eines Teams ihren eigenen Stein wischen, allerdings nur von Tee-line zu Tee-line. Hinter dieser Linie wischen nur die Skips bzw. Vize-Skips; ein gegnerischer Stein darf ebenfalls nur durch den Skip oder seinen Stellvertreter und ebenfalls erst hinter der Tee-line gewischt werden (hinauswischen).

Wird ein laufender Stein von einem Wischer mit seinem Besen oder mit einem Körperteil berührt, so ist es selbstverständlich, daß er dies ungefragt zugibt. Hierauf entscheiden die beiden Skips, ob der Stein im Spiel verbleibt oder entfernt wird.

In höchstem Maß verpönt ist es, einen Mitspieler bei einem Fehler mit Kraftausdrücken zu belegen!

Curling ist ein Spiel, dem Geschicklichkeit und Tradition zugrunde liegen. Curler spielen, um zu gewinnen, jedoch nie, um den Gegner zu erniedrigen. Ein echter Curler zieht die Niederlage einem ungerechten Sieg vor. Der „Spirit of Curling" verlangt von jedem einzelnen Spieler sportliche Fairness, freundschaftliches und ehrenhaftes Benehmen!

Beim Wischen nicht behindern

The Spirit of Curling

Curling-Geschichte auf einen Blick

1511

Diese Jahreszahl ist auf einem der ältesten Curlingsteine eingraviert, dem sogenannten „Stirling Stone".

1540

Ein Curlingspiel wird in einem notariellen Protokoll des John McQuhin aus Paisley erwähnt.

1620

Anfänge in Schottland

von Curlingsteinen, die sich im Besitz eines gewissen James Gall, Bürger von Perth, befanden, wird bei dessen Grabrede gesprochen.

1668

Angebliche Gründung des ältesten Curling-Clubs in Kinross. Es liegen jedoch keine gesicherten schriftlichen Aufzeichnungen vor. Erst aus dem Jahr

1739

hat man klare Beweise für die Existenz eines Clubs in Muthill.

1838

Gründung des schottischen Landesverbandes in Edinburgh, unter dem Namen „Grand Caledonian Curling Club". Aus diesem Verband wird

1843

der „Royal Caledonian Curling Club", nachdem Prinz Albert von Sachsen-Coburg-Gotha, Gemahl der englischen Königin Viktoria, die Schirmherrschaft übernommen hatte.

Der RCCC blieb oberste Curling-Instanz für alle Curler der Welt, bis

Abb. 27: Curling 1860 in Edinburgh. Man beachte die zweckmäßige Kleidung!

Abb. 27: Curling 1860 in Edinburgh. Man beachte die zweckmäßige Kleidung!

1966

die „International Curling Federation" (ICF) aus der Taufe gehoben wurde. Seither ist der RCCC nur noch der „primus inter pares" unter den anderen Landesverbänden.

Das erste nachgewiesene Curlingspiel in Kanada, der heute größten Curlingnation, fand

1760

in Quebec statt, initiiert von Simon Fraser, Lord Lovat, dem Kommandeur der 78th Highlanders aus Inverness in Schottland. Erst im Jahre

*V*erbreitung
in Kanada

1805

erfolgt die Gründung des ersten Curling-Clubs in Beauport bei Quebec. Schottische Urlauber brachten Curling auch nach Mitteleuropa, in die Schweiz.

1880

Das erste Curlingmatch in Sankt Moritz.
In Deutschland konnte man erst sehr viel später zum ersten Mal Curling sehen, und zwar

*C*urling im
deutschen
Raum

1932

in Oberhof in Thüringen als Teilaspekt einer Demonstration von Wintersportarten. Dabei bleibt es dann, bis 1959 der erste Club, der ernsthaft Curling betreibt, in Oberstdorf gegründet wird.

1966

Zusammenschluß aller bis dahin entstandenen Clubs zu einem Dachverband, dem „Deutschen Curling-Verband" (DCV). Ein Jahr später,

1967

tritt der DCV dem ICF bei und beantragt die Zulassung zu Weltmeisterschaften. Im selben Jahr nimmt der Münchener EV als Deutscher Meister an der WM in Perth/Schottland teil.

1959

Zum ersten Mal findet der „Scotch Cup", ein Vorläufer der heutigen Weltmeisterschaft der Herren, statt. Teilnehmer: Schottland und Kanada. Seit

1973

wird mit zehn Mannschaften in der heutigen Form gespielt.

*B*ald schon
olympische
Weihen?

1975

Die Junioren bekommen ihre WM, die erste findet in Toronto statt. Die Damen ziehen

1979

nach; Perth, eine schottische Curling-Hochburg, ist Gastgeber. Nur die Juniorinnen müssen bis heute noch zurückstehen.

1982

beginnt die Serie internationaler deutscher Curling-Erfolge: Der CC Schwenningen (Skip K. Wendorf) wird Vize-Europameister und ein Jahr später Vize-Weltmeister. Der EC Oberstdorf (Almut Hege) wird 1984 Europameister der Damen und 1985 der Herren (Rodger Schmidt). 1986 wird der SC Rießersee (Andrea Schöpp) Vizeweltmeister der Damen.

1988

wird Curling, nach 1924 und 1928, wieder Vorführwettbewerb bei Olympischen Spielen.

Abb. 28: Der EC Oberstdorf (Mitte) mit Almut Hege, Susanne Koch (oben), Josefine Einsle und Petra Tschetsch werden in Morzine (Frankreich) 1984 Europameister. Links: Schweden, rechts: Die Schweiz.

Lexikon der Curlingsprache

Die Anfänge des Curlingsportes liegen in einem englischsprachigen Land, daher ist die Fachsprache bis zum heutigen Tag Englisch. Nachstehend einige wichtige Begriffe mit Erklärungen:

Back line	hintere Begrenzung des Hauses
Back swing	Rückschwung
Blank end	End ohne Steine, auch „Nullerend" genannt
Body alignment	Grundhaltung, Ausrichtung des Körpers auf den Besen bei der Abgabe
Come-around	Stark curlender Stein, der um einen bereits liegenden Stein herumläuft und sich dahinter versteckt
Corner guard	seitlicher Schutzstein (s. Guard)
Curlen	das Abweichen des laufenden Steins von der geraden Linie
Delivery	Abgabe (s. Sliding delivery)
Dolly	Mittelpunkt des Zielkreises, auch Tee oder Button genannt
Double	Take-out auf zwei Steine zu gleicher Zeit
Draw	langsamer Stein, der vor oder ins Haus gespielt wird
End	Spielabschnitt: ein Spiel besteht aus acht oder mehr Ends
Freeze	langsamer Stein, der sich an einen anderen Stein anlegt
Front end	Lead und Zweier eines Teams als Ganzes
Garbage game	„Müllspiel"; im Gegensatz zum „sauberen", d.h. leeren Haus verbleiben hier möglichst viele Steine im und vor dem Haus
Guard	Schutzstein, der einen anderen Stein abdeckt
Hack	Kerbe, Fußhalt aus Gummi oder Eisen für die Abgabe
Handle	Griff des Steins
Hit	auch Take-out; schneller Stein, der einen anderen aus dem Haus schießt
Hit-and-Roll	schneller Stein, der nach dem Hit nicht stehenbleibt, sondern zur Seite rutscht
Hog line	Fünfmeterlinie vor dem Haus
House	Haus oder Zielkreis an jedem Ende des Spielfeldes
In-handle	s. In-turn

In-turn	auch In-handle genannt; Drehung des Steines im Uhrzeigersinn
Lead	Spieler, der als erster eines Teams seine Steine abgibt
Out-handle	s. Out-turn
Out-turn	auch Out-handle genannt; Drehung des Steines entgegen des Uhrzeigersinns
Pebble	kleine Erhebungen auf dem Eis, die mit einer Art Gießkanne erzeugt werden
Raise	leichtes, gerades Anschieben eines vor dem Haus liegenden Steines ins Haus
Rink	Spielbahn, auch Bezeichnung für ein ganzes Team
Rock	nordamerikanische Bezeichnung für den Stein
Roll	Stein, der zur Seite rutscht
Round-robin	Spielsystem, bei dem jeder gegen jeden spielt
Score	Ergebnis eines Ends oder eines Spiels
Score board	Tafel, auf der die Ergebnisse vermerkt werden
Shot	Stein, der am nächsten zum Mittelpunkt des Hauses liegt
Side-step	Seitenschritt
Silver Broom	Bezeichnung für die Herren-WM 1968–85; statt eines Pokals wurde ein silberner Besen überreicht
Skip	Kapitän des Viererteams
slide	rutschen bei der Abgabe
Slider	Gleitsohle am Schuh
Sliding delivery	Abgabe des Steines im Rutschen
Split	leichtes seitliches Anschieben eines stehenden Steines durch einen laufenden, so daß beide Steine in verschiedenen Richtungen das Haus erreichen
Stone	schottische Bezeichnung für den Stein
Sweeper	Wischer
Take-out	schneller Stein, der einen anderen aus dem Haus schiebt
Tap-back	leichtes Anschieben eines im Haus befindlichen Steines (s. Raise)
Tee	s. Dolly
Tee-line	Linie, die quer durch den Mittelpunkt des Hauses läuft
Tie	unentschieden
Umpire	Schiedsrichter
Vize-Skip	Vertreter des Skip im Haus
Wick	beabsichtigtes leichtes Berühren eines stehenden Steines durch einen laufenden, letzterer verändert dadurch seine Laufrichtung

kosmos Naturführer –
natürlich natur-führend

Aichele/Golte-Bechtle
Was blüht denn da?
*Wildwachsende Blütenpflanzen
Mitteleuropas*
„Was blüht denn da?" ist nach Blütenfarben eingeteilt, denn die Farben fallen uns an einer blühenden Pflanze als erstes auf. Weitere Bestimmungsmerkmale sind Blütenform, Standort, Blütezeit und Größe der gefundenen Pflanze. Diese Merkmale führen uns in wenigen Minuten mit Hilfe von 1200 farbigen Abbildungen zum gesuchten Pflanzennamen. Abweichende Blütenfarben oder verschiedene Standorte sind kein Problem: In diesen Fällen sind die Pflanzen mehrfach abgebildet.
Über 1 1000 000 verkaufte Exemplare!
427 S., 1376 meist farb. Abb., kt.

Hans Heierli
**Der Kosmos-Wanderführer
Die Alpen**
*Mit 481 Farbfotos
Routen – Geologie – Pflanzen
und Tiere*
Der Naturfreund sucht Wandergebiete abseits des großen Stroms der Reisenden; er will die unverfälschten Schönheiten der alpinen Mineralien, Gesteine, Pflanzen und Tiere in ihrer natürlichen Umwelt auf gefahrlosen Bergwanderungen erleben. Ihm ist dieses Buch gewidmet, das rund 1000 Wandervorschläge mit Routenskizzen aus allen Regionen unserer Alpen enthält und das mit 481 Farbfotos reich illustriert ist.
424 S., 481 farb. Abb., 111 Ktn., geb.
Überall dort, wo es Bücher gibt!